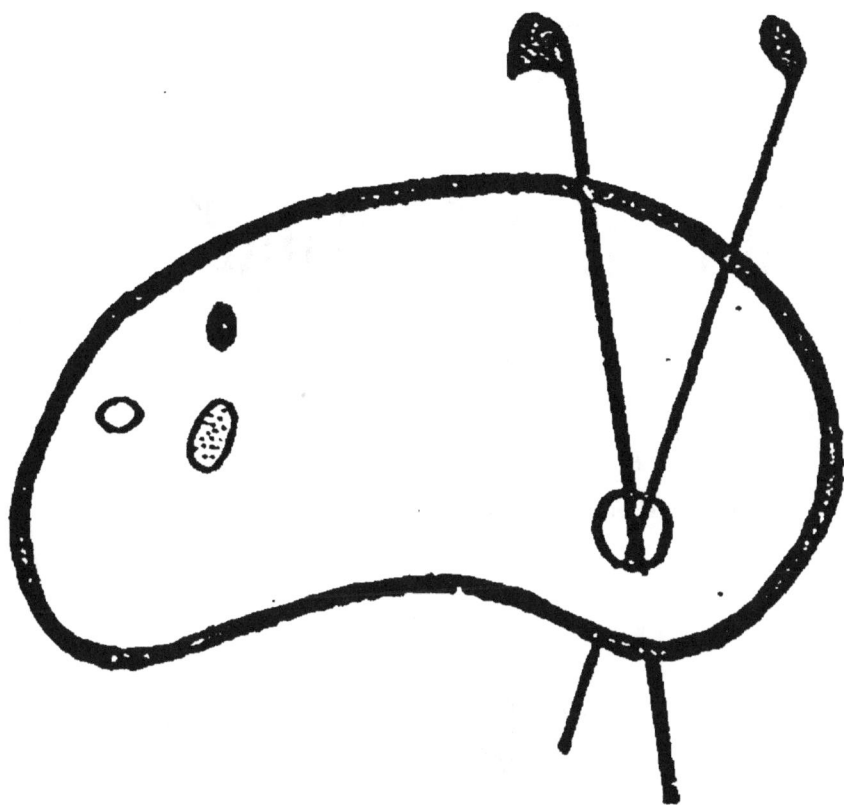

DEBUT D'UNE SERIE DE DOCUMENTS
EN COULEUR

# PROJET

## POUR FACILITER

### LE

# PRÊT HYPOTHÉCAIRE

PAR

## A. BARRAULT

*Inspecteur Régional du Crédit Foncier de France.*

MARSEILLE

TYPOGRAPHIE ET LITHOGRAPHIE J. CAYER

57, Rue Saint-Ferréol, 57

—

1893

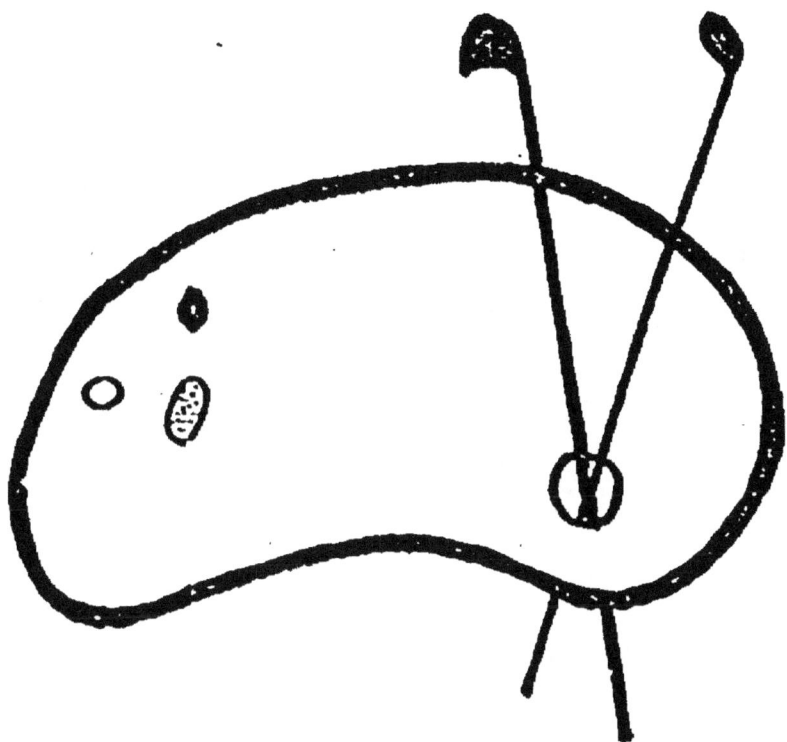

FIN D'UNE SERIE DE DOCUMENTS
EN COULEUR

# PROJET

POUR FACILITER

LE

# PRÊT HYPOTHÉCAIRE

# PROJET

POUR FACILITER

LE

# PRÊT HYPOTHÉCAIRE

PAR

## A. BARRAULT

*Inspecteur Régional du Crédit Foncier de France.*

MARSEILLE

TYPOGRAPHIE ET LITHOGRAPHIE J. CAYER

57, Rue Saint-Ferréol, 57

1893

# SOMMAIRE

# INTRODUCTION

Pour indiquer brièvement toute notre pensée, nous résumons d'abord notre projet :

L'organisation actuelle du Crédit Foncier, dont on ne saurait méconnaître la perfection, répond à tous les besoins que l'on a pu logiquement prévoir pour le prêt hypothécaire.

Malheureusement, et par l'effet de cette indifférence qui paralyse les meilleures œuvres, le public ne met aucune volonté intelligente à profiter des avantages offerts par le Crédit Foncier.

La cause principale, pour ne pas dire unique, qui éloigne le public du Crédit Foncier, provient des délais irréductibles que cette Société est obligée, par ses statuts et par les lois existantes, d'apporter à l'examen et à la réalisation des demandes de prêts.

Malgré la supériorité du Crédit Foncier, l'emprunteur, qui est toujours un besogneux, pressé de toucher de l'argent, n'est sensible qu'à la promptitude apportée à la remise des fonds.

Les notaires sont, par intérêt personnel, les concurrents du Crédit Foncier. Grâce à l'abondance actuelle des capitaux, dans un grand nombre de villes, ils satisfont toujours à l'urgence du besoin d'argent ; aussi enlèvent-ils, chaque année, à l'action du Crédit Foncier, des prêts pour plusieurs centaines de millions.

La statistique de l'enregistrement est là pour le démontrer.

Cet état de choses crée, pour le Crédit Foncier, la nécessité de lutter contre l'indifférence et l'imprévoyance des emprunteurs, et contre la concurrence des notaires et des capitaux privés.

On pourrait y satisfaire par une loi d'application simple et facultative.

Elle consisterait en une simple réduction du droit fiscal, dans le cas spécial de subrogation conventionnelle, opérée dans les six mois de l'inscription originaire.

Le Trésor, seul légitimement intéressé à défendre des droits acquis, trouverait, dans l'application de cette loi, un surcroît de recettes, au lieu d'un préjudice.

Pour la pratique de cette loi au profit du Crédit Foncier, nous indiquons le principe d'une Banque.

Cette Banque, dénommée « Banque des dépôts hypothécaires » fonctionnerait à la place des capitaux privés.

Sous le patronage purement moral du Crédit Foncier, elle se substituerait à l'action préjudiciable des notaires et des capitalistes, en faisant, sous les mêmes garanties, les avances de fonds aux emprunteurs.

Sous le chapitre XIV, nous démontrons que cette Banque, opérant avec des capitaux de dépôt, réaliserait, net de toutes charges, un bénéfice annuel et disponible de 350,000 fr. par chaque centaine de millions réalisés en prêts par le Crédit Foncier.

En prévoyant, ce qui n'a rien d'excessif, une moyenne de trois cent millions réalisés en prêts, annuellement par le Crédit Foncier, le bénéfice net annuel de la Banque atteindrait, au minimum, un million.

La loi projetée, accordant la subrogation conventionnelle, avec la faculté de prendre une nouvelle inscription, le Crédit Foncier pourrait, grâce aux avances de cette Banque, continuer sa pratique, nécessaire au maintien de son crédit. Par l'effet de cette subrogation, et tout en conservant ses droits spéciaux, il arriverait à réaliser ses prêts, sans se heurter à aucun obstacle.

Les emprunteurs n'auraient à se plaindre ni des longs délais, désormais supprimés, ni de nouvelles charges onéreuses, attendu la modicité des frais de subrogation et la brièveté du délai (trois à six mois) pendant lequel ils paieraient à la Banque l'intérêt à 5 o/o.

Nous justifions l'utilité et l'action parallèles du Crédit Foncier et de cette Banque.

Le Crédit Foncier, qui opère à long terme, en engageant définitivement des capitaux considérables, doit, de toute nécessité, s'assurer matériellement la sécurité légale absolue.

La Banque, au contraire, opèrera à très court terme, provisoirement, avec un capital restreint.

Simple particulier, elle pourra, sans aucun risque, faire les avances de fonds, en négligeant, comme dans les prêts entre particuliers, beaucoup de formalités et de justifications, suppléées par des certitudes morales.

Les observations contenues dans la première partie (six premiers chapitres) sont exclusivement destinées à justifier le caractère d'intérêt général du projet.

La deuxième partie se compose du texte du projet de loi.

La troisième partie contient une argumentation basée sur des faits qu'il est facile de contrôler.

Cette argumentation a uniquement pour but de justifier l'utilité de notre projet pour le Crédit Foncier, en établissant que l'intérêt de cette Société se concilie avec l'intérêt général.

On pourra relever certaines contradictions entre les observations contenues dans les première et troisième parties.

Elles ne sont qu'apparentes. Les observations qui portent sur l'action des notaires, sur l'influence des capitaux privés, sur les conditions et les circonstances de leur placement, ne constituent pas, évidemment, une vérité générale absolue.

Si la hausse actuelle des valeurs mobilières a provoqué l'abondance des capitaux de placement hypothécaire dans certaines régions, la pénurie se fait sentir dans beaucoup d'autres.

Ce qui est vrai dans le Midi peut ne pas l'être,

au même degré, dans le Nord ; de même que la fortune publique varie suivant les régions.

Nous ne prétendons pas que le mal est absolument général ni que son intensité est la même sous toutes les latitudes ; mais nous affirmons qu'il menace de devenir assez grand pour qu'il soit urgent, dès maintenant, d'y porter remède.

Enfin la quatrième et dernière partie contient la prévision et la réfutation des objections.

Présenté sous forme d'intérêt général, ce projet ne saurait éveiller aucune opposition sérieuse.

Bien que l'intérêt du Crédit Foncier, qui représente l'intérêt général, soit fort respectable, nous pensons que, pour écarter des réclamations dictées par l'intérêt personnel et étroit de quelques-uns, il serait bon, jusqu'au vote de la loi, d'éviter toute allusion à cette Société.

# PROJET

POUR FACILITER

LE

# PRÊT HYPOTHÉCAIRE

### CHAPITRE I<sup>er</sup>.

#### Urgence de prompte solution dans les opérations de prêt d'argent.

Le besoin d'argent exige toujours une satisfaction immédiate.

Même en dehors des cas nombreux qui sont subits, et par suite imprévus, l'emprunteur attend toujours au dernier moment pour se prémunir contre ses besoins ou contre ses échéances.

C'est là un fait avéré dans la pratique des affaires.

Il n'est exact à l'échéance que dans le cas, assez rare, où il se trouve en mesure de rembourser avec ses propres capitaux.

### CHAPITRE II.

#### Emprunteurs.

L'emprunteur ne peut éviter la garantie hypothécaire et les frais qu'elle occasionne.

En effet :

D'abord le crédit personnel n'existe presque plus, c'est un fait notoire.

Ce crédit implique la valeur morale de l'individu, et il faut bien reconnaître que cette valeur a terriblement baissé.

En outre, là, les revenus ne sont guère disponibles qu'annuellement. Ils sont relativement peu élevés et se trouvent, en grande partie, absorbés par les besoins même de l'existence.

Par suite, l'emprunteur a besoin d'un long terme, non seulement pour le paiement des intérêts, mais aussi pour la reconstitution du capital.

## CHAPITRE III.

### Les Capitaux.

Tous les capitaux de prêt rentrent dans deux catégories :

*La première* se compose de capitaux de placement hypothécaire. Ces capitaux appartiennent généralement à des rentiers, qui n'ont pas d'autres moyens d'existence ou qui, pour des raisons multiples, ne cherchent pas à s'en créer d'autres.

En sorte que, si l'échéance lointaine de remboursement est nécessaire au débiteur, elle l'est également au rentier qui a besoin de la régularité et de la certitude de ses revenus pour une longue période.

De là vient l'habitude, dans les obligations de prêt, d'imposer, pour le remboursement du capital :

1° Un délai de cinq à six ans et souvent plus.

2° Le bénéfice commun du terme pour le prêteur et l'emprunteur, en obligeant, dans tous les cas, ce dernier à prévenir du remboursement au moins trois mois à l'avance.

Il en résulte que les capitaux de placement hypothé-

caire ne sont disponibles qu'à des époques bien détermi-
nées et sont même souvent promis, à l'avance, pour un
nouveau placement.

D'où, pour l'emprunteur, la nécessité d'attendre souvent, au détriment de ses besoins.

*La deuxième catégorie* se compose des capitaux de
spéculation, d'attente ou d'épargne, sous forme de dépôts
temporaires.

Leur nature même implique leur disponibilité. Ils
sont là soit pour attendre des opérations ou des besoins
prévus, soit pour profiter des accroissements d'économie.

Ces capitaux sont considérables. Ils se composent, en
grande partie, de petites sommes, il est vrai ; mais si
leur groupement permet les grosses opérations, ces petites sommes peuvent, séparément, donner satisfaction à
la majorité des emprunteurs, formée de petits besogneux.

Ces capitaux iraient facilement aux placements hypothécaires, pour une courte durée, car ils profiteraient
ainsi d'un intérêt plus élevé, sans nuire aux projets des
détenteurs.

En en rendant l'accès facile et économique aux emprunteurs, on supprimerait donc des attentes préjudi-
ciables.

## CHAPITRE IV.

### Frais actuels de l'obligation de prêt et de la subrogation.

Actuellement l'obligation hypothécaire, pour prêt,
entraîne les frais suivants :

1° Enregistrement F. 1 25 0/0 | en sus du timbre
2° Hypothèques . F. 1 25 0/00 | et du salaire.
3° Notaires . . . F. 1 » 0/0 au moins, en sus du
timbre, des rôles et des diverses allocations.

En totalisant l'ensemble des frais, on arrive au 3 0/0 au bas minimum.

Toute cession d'une créance hypothécaire ou toute subrogation donne lieu aux mêmes droits.

En sorte qu'en l'état actuel, la substitution des capitaux de placement hypothécaire aux capitaux de dépôt, par l'effet de la subrogation conventionnelle, entraînerait la dépense excessive de 6 0/0 au bas minimum.

Les plus prodigues comme les plus besogneux reculent devant une pareille somme de frais, qu'il faut toujours payer séance tenante.

Nous établirons plus loin qu'avec la loi proposée, ces frais se trouveraient réduits à 3 fr. 16 0/0 au moins, soit une économie de 2 fr. 84 0/0.

## CHAPITRE V.

### Origine du Projet.

En rapprochant ces considérations, on est amené naturellement à rechercher s'il n'y aurait pas un moyen pratique et économique de satisfaire les besoins d'argent, toujours impérieux, en associant les avantages des deux catégories de capitaux, établies sous le chapitre III.

Là est l'origine du projet de loi que nous proposons plus loin, et dont l'utilité nous est démontrée, chaque jour, par les plaintes des emprunteurs.

## CHAPITRE VI.

### Démonstration pratique.

Pour préciser la portée de ces observations, nous prenons le cas le plus fréquent dans la pratique des affaires :

Le débiteur (récidiviste), qui a un remboursement à

faire, est presque toujours obligé ou de vendre ses immeubles ou de chercher de nouveaux capitaux.

Il sait souvent, par expérience personnelle, que la procédure d'expropriation, en ne lui infligeant au début que des frais insignifiants, lui laisse un certain temps matériel pour se retourner. Il y compte toujours.

L'emprunteur (qui sollicite un premier prêt) n'est pas plus prévoyant.

Tous deux arrivent au dernier moment chez le notaire, qui est l'intermédiaire tout indiqué pour ce genre d'opérations.

Le notaire n'est, en réalité, que le *Negotiorum gestor* de ses clients. Il a rarement chez lui, ou sous la main, des capitaux immédiatement disponibles.

Il tient seulement, à cet effet, une sorte de comptabilité où il enregistre les offres et les demandes de fonds.

Et si les emprunteurs sont imprévoyants, le capitaliste, au contraire, prend ses précautions ; car il sait que, pour lui, l'échéance de remboursement peut être irrévocable et l'est toujours, dans le cas où le débiteur rembourse avec ses propres capitaux.

Il va chez le notaire, en temps utile, et lui fait consigner, plusieurs mois à l'avance, la disponibilité de ses capitaux.

Cette disponibilité se trouve même quelquefois retardée par la procédure de recouvrement.

Et comme, à l'exception de quelques villes, il y a généralement beaucoup moins d'offres que de demandes de capitaux, ces capitaux se trouvent toujours retenus d'avance. Aussi l'emprunteur est souvent obligé d'attendre assez longtemps les fonds qui lui sont nécessaires. Et il les attend, à son plus grand préjudice, parce qu'on les lui a promis pour une date certaine.

En résumé, l'emprunteur a toujours, au moment même

de sa demande, un besoin urgent de tout ou de partie du prêt. Les fonds destinés au prêt définitif sont rarement disponibles au jour le jour. Par contre, les fonds nécessaires aux avances provisoires sont abondants et presque toujours disponibles. Mais, ne pouvant avoir de garantie sérieuse que par l'hypothèque, ces avances provisoires ne se font pas, à cause des frais trop élevés qu'entraînent l'obligation et la subrogation, sous le régime actuel.

Il en résulte un grand préjudice pour toutes les transactions.

La réduction du droit fiscal, que nous proposons, a pour but, en supprimant presque la charge des frais de subrogation, de permettre, sans aucun risque, les avances de fonds aux besogneux.

Cette loi ne préjudiciera à aucun intérêt respectable ; elle sera purement facultative, et nous croyons sincèrement qu'elle sera appelée à rendre de grands services à tous ceux, si nombreux, qui ont besoin d'argent, l'instrument de progrès par excellence.

Nous pensons que cet exposé est suffisamment probant et nous donnons ci-dessous le texte de la loi proposée.

## CHAPITRE VII.

### Subrogation conventionnelle, à tarif très réduit, dans un délai très restreint.

Article premier. — La subrogation conventionnelle, opérée conformément aux dispositions de l'article 1,250 du Code civil, aura seule le bénéfice de la présente loi.

Art. 2. — Cette subrogation ne pourra avoir lieu qu'une seule fois et seulement dans la créance originaire.

Elle devra être mentionnée sur les registres hypothécaires, dans les six mois ou plus exactement dans les cent quatre-vingts jours qui suivront l'inscription primitive.

Ce délai sera compté, en ce non compris ni le jour de cette inscription, ni le jour de cette mention.

ART. 3. — Dans ce même délai de six mois, le créancier, ainsi subrogé, pourra, tout en conservant le bénéfice de cette subrogation, prendre, soit en même temps que la mention de subrogation, soit après, une nouvelle inscription qui prendra rang à sa date.

Outre les immeubles hypothéqués primitivement, l'acte de subrogation et cette nouvelle inscription pourront comprendre affectation hypothécaire de nouveaux immeubles du débiteur.

ART. 4. — Attendu que la présente loi a uniquement pour but, non pas de créer mais d'améliorer les conditions de la dette hypothécaire, cette subrogation, ainsi que cette nouvelle inscription et les actes qui leur donneront naissance, seront soumis aux droits fixes ci-dessous établis :

1° Pour tous droits d'enregistrement, F. 3;

2° Pour tous droits de subrogation, de mention et de nouvelle inscription au bureau des hypothèques, mais en sus des frais de timbre et des salaires, F. 3;

3° Pour tous les honoraires du notaire, sans exception, et pour la rédaction des actes et des bordereaux, comme pour l'accomplissement des formalités, et en sus des déboursés, timbre et salaires de rôles, F. 3.

Les droits ainsi fixés seront exempts de tous décimes.

Ces droits seront exclusifs, en ce sens que, sur le capital de subrogation, il ne pourra en être perçu aucun autre pour cause de nouvelle obligation, de nouvelle affectation hypothécaire, de subrogation, de libération, de prorogation de délai ou de modification dans le mode de libération ou de recouvrement.

ART. 5. — Le bénéfice de la présente loi est réservé

exclusivement aux créances hypothécaires originaires causées par le prêt d'argent.

Art. 6. — Tout ce qui n'est pas expressément abrogé par la présente loi continuera de recevoir son exécution.

## CHAPITRE VIII.

### Économie pour les emprunteurs.

Outre les avantages signalés plus loin, les emprunteurs trouveront dans l'application de cette loi l'économie suivante :

Nous avons déjà constaté que les frais réunis d'emprunt et de subrogation s'élevaient actuellement à 6 0/0 au minimum.

Avec la nouvelle loi, la subrogation n'entraînera que des frais insignifiants.

Nous prenons comme exemple le prêt moyen de 20,000 fr. Voici les frais y afférents :

1° Sous le régime actuel :

20,000 fr. à 6 0/0 . . . . . . . . . . . F. 1,200

2° Sous le régime projeté :

Emprunt de 20,000 fr. à 3 0/0. . . . . . 600

Subrogation
  Hyp.
    Enregistrement . . . . . . . 3
    Droit fixe . . . . . . 3 } 15
    Salaires et timbre . . 12
  Notre
    Honoraires. . . . . . 3
    Timbre, répertoire et } 13
    rôles. . . . . . . . 10

31 } 631

Différence. . . . . 569

Soit une économie de 2 fr. 84 0/0.

## CHAPITRE IX.

### Responsabilité des Notaires.

Les prêts entre particuliers entraînent, pour les notaires, deux sortes de responsabilités :

1° Quand le notaire s'est entremis pour trouver et placer les fonds, en se faisant le conseil du prêteur, il y a la responsabilité de valeur du gage. Nous la nommerons responsabilité d'intermédiaire.

Cette responsabilité sort à effet si le gage est insuffisant pour le recouvrement de la créance.

Mais, depuis la crise agricole notamment, les notaires évitent cette sorte de responsabilité, en se faisant les simples rédacteurs des actes de prêt et en le constatant par des décharges spéciales.

2° Quand le notaire n'a été que le simple rédacteur des conventions arrêtées entre le prêteur et l'emprunteur, sa responsabilité se borne à la validité de l'acte d'obligation, par l'origine de propriété et les formalités légales.

Nous la nommerons responsabilité professionnelle.

Comme on le verra plus loin, cette distinction était utile.

## CHAPITRE X.

### Pratique des prêts entre particuliers.

Dans la pratique ordinaire des affaires pour les obligations de prêt, il y a des certitudes morales qui suppléent à des justifications souvent difficiles ou longues à obtenir.

Aussi, à chaque instant, voit-on le notaire et le prêteur passer outre à certaines formalités ou à certaines justifications authentiques, jugées superflues, sans que, pour cela, la sécurité du placement soit compromise. D'où la rapidité avec laquelle, dans le notariat, on réalise les prêts d'argent entre particuliers.

Quand les fonds sont disponibles, ce qui est fréquent actuellement, il est rare que l'emprunteur attende plus de huit jours ; souvent même la réalisation a lieu dans un délai de deux à trois jours, lorsque la résidence du notaire, dans un chef-lieu d'arrondissement, met l'Enregistrement et les Hypothèques à sa portée.

Nous ne parlons pas, évidemment, des cas exceptionnels où la purge est inévitable.

Si l'on réalise aussi promptement ces prêts, ce n'est pas que le notaire mette de la négligence ou de la légèreté dans l'examen des droits de propriété ; car sa responsabilité professionnelle est engagée.

Mais il connaît presque toujours ou peut facilement connaître la solvabilité morale de l'emprunteur et la valeur de la possession du gage.

Ce qui rend inutile la production de bon nombre de justifications authentiques.

En dehors de fautes lourdes, qui sont nécessairement rares et que le choix du notaire permet d'ailleurs d'éviter, on peut affirmer que, dans le notariat, il n'y a pas ou qu'il y a peu d'exemples qu'une obligation de prêt ait été annulée ou simplement discutée pour vice ou lacune dans l'établissement des droits de propriété.

Il y a à cela plusieurs raisons :

D'abord le titre de propriété immédiate, du chef de l'emprunteur, contient généralement les renseignements suffisants.

Il y a, dans le notariat, encore assez de probité professionnelle pour justifier la confiance confraternelle que l'on y pratique. Par suite, on sait qu'en général les formalités secondaires, qui n'ont pas été remplies sur certai-

nes transmissions, avaient été jugées inutiles avec
raison. On en acquiert même facilement la certitude.

La possession conforme aux titres produits, et qu'il
est toujours facile de vérifier sur place, est un élément
sérieux qui fortifie cette certitude.

Il y a, comme nous l'avons déjà dit, la valeur morale
des parties, que l'on connaît aussi facilement sur place,
et qui est une considération importante pour un prêt à
court terme.

La bonne foi préside généralement à l'exécution des
engagements entre ceux-là mêmes qui les ont contractés, et le rapprochement des échéances laisse peu à
craindre que le débiteur primitif, reconnu honnête, soit
remplacé par un ayant-cause de mauvaise foi.

La brièveté relative du délai de remboursement est
également une garantie contre la survenance de faits qui
soient de nature à pousser à la recherche minutieuse des
cas de nullité ou de discussion.

En résumé, l'abondance des capitaux privés, d'une part,
et, d'autre part, la facilité d'obtenir sur place les renseignements essentiels pour apprécier les droits de propriété et l'inutilité de certaines formalités secondaires,
permettent aux notaires de réaliser promptement et
sans risque les prêts entre particuliers.

De même, le recouvrement des prêts entre particuliers
ne souffre presque jamais des irrégularités ou des lacunes
de l'origine de propriété.

## CHAPITRE XI.

### Pratique des prêts au Crédit Foncier.

Pour le Crédit Foncier, la pratique est et doit être toute
différente ; car il doit se prémunir contre le public.

Pour le public, une Société évoque surtout l'idée de la

spéculation abusive contre l'individu. Il s'y joint le souvenir d'une grande salle, armée de guichets qui ouvrent et surtout ferment inexorablement à heure fixe. Derrière ces guichets, des employés, que l'on suppose obligés d'être grincheux, qui abusent de leurs retranchements pour bombarder le public de règlements, d'imprimés et de formules qui finissent par l'irriter. Tout y prend la forme vexatoire. Et, ma foi, le public, habitué à y être battu, finit par y voir un ennemi.

Et il devient féroce de colère contenue quand il trouve une bonne occasion de prendre sa revanche.

Se heurtant constamment à des consignes de lois et de règlements qu'on lui applique rigoureusement, le public se venge, avec une joie malicieuse, quand la Société est en défaut. C'est l'influence de l'exemple.

Aussi est-il parfaitement admis par nos mœurs que l'on peut se défendre contre les personnes civiles *Per fas et nefas.*

Le long terme des prêts du Crédit Foncier laisse la porte ouverte à toutes les surprises, à tous les événements et à toutes les substitutions de débiteurs.

La valeur morale de l'emprunteur est pour lui très précaire. Il ne saurait en tenir sérieusement compte.

Le Crédit Foncier est donc obligé de s'appliquer, avec un soin tout particulier, à l'examen et à la régularisation des droits de propriété.

De même, il doit se conformer rigoureusement, pour toutes les formalités, aux prescriptions légales et statutaires.

La sécurité légale absolue est une nécessité pour lui.

Il doit, dès le début de ses opérations, en matérialiser les preuves authentiques ; car, plus tard, les souvenirs, les témoignages ou la tradition pourraient lui faire défaut.

De là, pour les réalisations de prêt, des délais fort longs et de nombreuses demandes de pièces, souvent embarrassantes au début.

Quelquefois les prêts sont réalisés dans les deux mois du dépôt de la demande ; mais, en général, c'est trois ou quatre mois et quelquefois même plus.

Pour les gens peu familiarisés avec le régime hypothécaire, ces délais et ces justifications de propriété constituent des lenteurs et des exigences que d'autres, simplement malveillants, exploitent contre la Société.

Le demandeur va chez son notaire ou chez le Directeur de la succursale du Crédit Foncier.

Chez ce dernier, on ne saurait le tromper. Pour ne pas trop le décourager, on lui parle d'un mois et demi, qui est un minimum atteint quelquefois, mais dans des cas particulièrement favorables.

Chez le notaire, l'opération se fait rapidement, sans douleurs. Il a des fonds disponibles qu'il sait faire valoir en amplifiant les lenteurs et les exigences du Crédit Foncier.

Alors le tour est joué et le prêt se fait par l'étude du notaire.

Il y a là, pour le Crédit Foncier, une situation particulière, inhérente à sa nature de Société, au long terme de ses prêts et au caractère définitif de ses opérations. On ne saurait la modifier.

La décentralisation des services serait elle-même inefficace ; car elle ne pourrait supprimer la nécessité démontrée d'observer rigoureusement les lois et les statuts.

La refonte complète des lois qui constituent le régime hypothécaire actuel, et notamment l'obligation d'inscrire toutes les hypothèques, seraient assurément une amélioration considérable.

Mais cette réforme, en principe très facile, devrait être

trop complète pour ne pas soulever de vives oppositions, en jetant le trouble dans les droits acquis et dans les errements.

Elle n'aura pas lieu de longtemps, sans aucun doute, et nous n'en parlerons pas davantage.

Le Crédit Foncier doit son immense crédit à la sagesse de ses statuts et à la prudence de sa pratique.

Toutes les lenteurs et exigences, qu'on lui reproche ou que l'on exploite contre lui, servent, en échange, par un juste retour, à démontrer la sécurité de ses placements, et, par suite, à développer son crédit financier.

Aussi, malgré la nécessité de lutter contre ses ennemis ou contre ses concurrents, il ne saurait, à aucun titre, se départir des règles qui ont établi et consolidé ce crédit.

## CHAPITRE XII.

### Situation des Notaires vis-à-vis du Crédit Foncier.

Les crises de toutes sortes qui sévissent sur les affaires obligent les notaires à ne pas dédaigner leur intérêt personnel. Or, cet intérêt se concilie mal avec celui du Crédit Foncier.

Certes il y a encore beaucoup de notaires qui, ayant le sentiment de leur sacerdoce, sont partisans du Crédit Foncier et seraient très disposés à y amener leurs clients.

Mais les longs délais de réalisation les en empêchent, et leur bonne volonté, satisfaite simplement du conseil donné, devient impuissante contre les besoins impérieux des clients.

On peut affirmer que, d'une façon manifeste, le notaire n'a aucun intérêt personnel à adresser ses clients au Crédit Foncier.

En effet :

Les prêts entre particuliers lui permettent de satis-

faire et de retenir deux clients : le prêteur et l'em
prunteur.

Le délai assez court fixé pour le remboursement et
l'absence d'amortissement graduel lui font espérer le
bénéfice du renouvellement et le maintien de son action
sur les contractants.

Ses honoraires sont de 1 0/0 ; mais souvent, soit par lui-
même, soit par son entourage, il prélève, en outre, une
commission de 1 0/0, comme intermédiaire vis-à-vis de
l'emprunteur.

On pourrait élever, ici, une objection, en faisant remarquer que l'opération de prêt entre particuliers en-
gage la responsabilité du notaire, tandis qu'elle n'existe
pas vis-à-vis du Crédit Foncier.

Mais nous avons déjà dit, sous le chapitre IX, que la
responsabilité d'intermédiaire n'existait presque plus,
parce que le notaire met presque toujours le prêteur en
rapport avec l'emprunteur.

Reste la responsabilité professionnelle, inhérente à la
validité légale du contrat.

Mais, en général, les notaires ont une instruction professionnelle suffisante et, en matière de prêt surtout, il
est bien rare que leur responsabilité souffre d'une reven-
dication ou d'une action quelconque.

Dans un prêt au Crédit Foncier, le notaire a une toute
autre situation.

Ses honoraires ne peuvent dépasser 1 0/0.

L'emprunteur lui échappe, grâce au long terme du
remboursement et au bénéfice de l'amortissement.

Le client, capitaliste, ne trouvant plus satisfaction,
passe dans une autre étude et peut, par cela même, y
entraîner d'autres clients.

Il n'y a plus aucun espoir de renouvellement.

Les quelques actes supplémentaires, que la régularisation d'origine peut provoquer, sont loin d'offrir une compensation.

La perfection des actes du Crédit Foncier entraîne, pour le notaire, un travail assez long, ardu même souvent, et ce sans augmentation de profit.

L'absence de renouvellement des obligations n'influe pas seulement sur les bénéfices personnels et immédiats du notaire ; elle vient également diminuer la moyenne qui servira plus tard à établir le prix de l'office.

On peut donc affirmer que, chaque fois que le notaire n'est pas retenu par le manque de capitaux ou par les obstacles du régime dotal, il a un intérêt personnel à déconseiller ses clients de s'adresser au Crédit Foncier.

Et il ne s'en prive guère. Nous avons pu nous en assurer, depuis vingt-trois ans que nous vivons dans le monde des affaires, soit dans le notariat soit au Crédit Foncier.

De toutes ces observations, dont il est facile de contrôler l'exactitude, il ressort, de toute évidence, qu'entre le notaire qui va et peut aller vite impunément, et le Crédit Foncier qui est forcé d'aller lentement, l'emprunteur, toujours pressé, ne saurait hésiter.

Les demandes de prêts qui parviennent au Crédit Foncier proviennent :

*Les bonnes.* — Des localités où il n'y a pas de capitaux de placement. — Des personnes, assez rares, qui ont l'intelligence de leurs intérêts, et qui sont assez maîtresses de leurs besoins pour résister au notaire et lui imposer le Crédit Foncier — De celles qui sont arrêtées par le régime dotal.

*Les mauvaises* (celles que le Crédit Foncier rejette pour insuffisance de garantie). — Des personnes qui ont épuisé leur crédit ; elles risquent les frais d'expertise, en comptant sur le hasard ou sur leur éloquence.

En résumé.

La petite différence entre l'intérêt des capitaux privés, actuellement 4 0/0 dans beaucoup de localités, et le taux du Crédit Foncier, 4 1/2 0/0, ainsi que les frais supplémentaires occasionnés par la régularisation des droits de propriété, touchent peu les emprunteurs.

Au contraire, les longs délais nécessités par le fonctionnement légal du Crédit Foncier, et que les notaires qualifient de lenteurs, constituent un argument irrésistible vis-à-v.. des emprunteurs, toujours pressés de toucher les fonds.

Le Crédit Foncier en éprouve, chaque année, une perte considérable d'affaires ; la statistique de l'enregistrement le prouverait surabondamment.

Le projet proposé supprimerait l'effet préjudiciable de ces lenteurs irréductibles.

## CHAPITRE XIII.

### Situation des emprunteurs vis-à-vis du Crédit Foncier.

Les emprunteurs auxquels on explique le mécanisme du Crédit Foncier en saisissent très bien la supériorité.

L'absence d'échéance de remboursement du capital ; — l'économie de l'amortissement progressif, qui conduit lentement mais sûrement à l'extinction de la dette, pour ceux qui n'ont que des ressources modiques ; — la faculté des versements partiels anticipés, qui permet le remboursement rapide pour ceux qui ont des ressources importantes et fréquentes ; — l'absence d'individualité, souvent si gênante, à la suite des prêts entre particuliers ; — et la discrétion apportée dans les opérations,

*Constituent* à leurs yeux des avantages précieux et manifestes.

**C'est affaire de bon sens.**

Le taux d'intérêt du Crédit Foncier, même quand il est un peu plus élevé que celui des capitaux privés, comme maintenant, les intéresse beaucoup moins.

Car ils savent apprécier l'avantage de la suppression des frais de renouvellement, en face du peu d'importance de l'écart d'intérêt et de l'accroissement de l'annuité.

Ces temps derniers, il s'est fait, il est vrai, au Crédit Foncier, beaucoup de remboursements anticipés. — Mais ces remboursements ne paraissent pas dus à la différence des taux d'intérêt (4 à 4 1/2).

Nous n'avons pas de documents à ce sujet ; mais nous sommes persuadé que ces remboursements s'appliquent :

Soit à des anciens prêts contractés à 5 0/0 plus 0 fr. 30 de commission, ce qui constitue un écart assez sensible ;

Soit aux prêts communaux, qui comportent une économie budgétaire dont la rigueur est faite pour exciter le zèle des administrateurs.

Pour l'emprunteur, qui est toujours talonné par un besoin ou par une échéance, la promptitude apportée à la remise des fonds a une importance capitale. L'essentiel, pour lui, est d'avoir rapidement l'argent, qui est la chose présente et palpable.

Les conditions du prêt le touchent beaucoup moins, parce que c'est l'avenir dont on se croit facilement sûr ; c'est l'espoir dans le lointain. — Il n'y a peut-être pas un emprunteur qui, au moment du prêt, ne soit convaincu qu'il sera en mesure de rembourser le capital de sa dette, à l'échéance ordinaire de cinq à six ans. La satisfaction d'un besoin pressant développe tellement les bonnes intentions que l'imagination, toujours complaisante, arrive à mystifier la raison.

Aussi, dès qu'il est prévenu même du minimum des délais de réalisation au Crédit Foncier, l'emprunteur se récrie et s'en va.

L'échéance inexorable de son besoin d'argent ne lui permet pas d'attendre.

## C'est affaire de besoin.

### CHAPITRE XIV.

#### Application par le Crédit Foncier de la loi proposée.

Présumant la loi votée, nous cherchons quel meilleur mode d'emploi le Crédit Foncier pourra en faire

Les succursales et les inspections régionales ne cessant de vulgariser l'institution du Crédit Foncier, les emprunteurs viennent facilement se renseigner aux succursales de province.

Tous les services de province sont assurément représentés par des hommes sûrs et compétents.

Le directeur de succursale, notamment, doit avoir, par lui, ou par ses employés, une instruction notariale suffisante pour suppléer au notaire dans l'examen et l'établissement des droits de propriété.

De même, l'inspecteur régional doit être suffisamment éprouvé pour que ses conclusions soient maintenues par le Conseil, en dehors des cas très rares qui soulèvent une interprétation statutaire ou qui motivent une discussion d'appréciation.

Il sera créé à Paris une Banque, dénommée « Banque des dépôts hypothécaires. »

Cette Banque aura pour objet de réaliser provisoirement les prêts demandés, en attendant que le Crédit Foncier, après avoir suivi sa pratique ordinaire, puisse réaliser définitivement. Il prendra ses lieu et place, dans un délai de six mois, et ce, au moyen de la subrogation conventionnelle et de la nouvelle inscription ; tel que le tout est spécifié dans le projet de loi.

Les fonds nécessaires à cette Banque proviendront uniquement de dépôts faits suivant l'usage.

Ces dépôts seront rémunérés comme dans les Banques ordinaires. Cette rémunération pourra même être légèrement augmentée, pour solliciter davantage les capitaux.

Elle pourra, notamment, être supérieure au taux des Caisses d'épargne, et fournir ainsi à la Banque, dans cette clientèle, des ressources suffisantes.

L'emploi de ces dépôts en prêts hypothécaires d'une durée maximum de six mois, offrira une sécurité susceptible de satisfaire les plus timorés. En même temps, cet emploi laissera une disponibilité suffisante.

Voyons le fonctionnement.

Un emprunteur se présente dans une succursale du Crédit Foncier.

Il a ses titres immédiats ou peut toujours les obtenir facilement et promptement.

Le Directeur, compétent, les examine sommairement pour reconnaître s'il y aura ou non des difficultés insurmontables vis-à-vis du Crédit Foncier. Dans le doute, la Banque s'abstiendra.

Si la demande paraît susceptible d'aboutir au Crédit Foncier, le Directeur remettra immédiatement les pièces nécessaires à l'Inspecteur régional. Celui-ci se rendra compte de la valeur statutaire du gage et fera son rapport, sans plus attendre.

Ce rapport, envoyé à Paris, sera remis au Service Central, qui pourra immédiatement donner un avis officieux, en réservant les cas exceptionnels que nous avons déjà signalés.

Si cet avis est favorable, la Banque sera prévenue aussitôt.

Parallèlement, le Directeur de succursale aura pu examiner plus complètement les titres de propriété et s'assurer de la situation hypothécaire.

En quelques heures, le notaire peut faire son acte.

De sorte qu'en très peu de temps, l'acte d'obligation pourra être signé et les fonds expédiés ou remis à l'emprunteur.

La moyenne de cette opération demandera, à partir du jour du dépôt de la demande à la succursale :

Pour l'expertise du gage et l'examen des titres, huit jours, ci............................................ 8 j.

Pour l'envoi du rapport à Paris, le visa et l'avis à la Banque............................................ 3 j.

Pour la signature de l'acte, l'inscription aux hypothèques, la délivrance du certificat négatif et l'envoi des fonds............... ............. 4 j.

Au total......... 15 j.

Au lieu de trois à quatre mois.

Souvent même, dans la résidence de l'Inspecteur régional, ce délai sera très abrégé, et c'est une considération intéressante. Car là, presque toujours, se présentent les demandes les plus importantes et pour lesquelles l'origine de propriété est généralement facile à suivre sur place.

Si l'Inspecteur régional a la confiance entière du Crédit Foncier, son propre avis pourra servir de point de départ dans les affaires ordinaires, et le délai indiqué plus haut pourra encore être abrégé.

Comme sécurité et outre la garantie hypothécaire, la Banque aura la responsabilité morale et l'intérêt même du Directeur de succursale, ainsi que la responsabilité professionnelle du notaire.

3

La garantie sera donc ainsi supérieure même à celle dont jouissent ordinairement les bailleurs de fonds.

Ce prêt provisoire étant fait, le Crédit Foncier aura tout le temps voulu pour régulariser la propriété du gage et se substituer à la Banque, en n'occasionnant que les frais insignifiants.

La substitution des capitaux pourra elle-même se faire, à Paris, sans frais, entre les caisses du Crédit Foncier et celles de la Banque.

Pour Paris et les départements voisins, la Banque pourra opérer directement.

Pour compléter le fonctionnement de cette Banque, nous prenons, pour les opérations de début, le minimum des produits et le maximum des charges.

Nous prévoyons que les prêts du Crédit Foncier, pouvant donner lieu aux opérations de la Banque, ne seront que de cent cinquante millions annuellement, et que le capital réel, utilisé par cette Banque, ne sera que du tiers, soit cinquante millions.

Ces cinquante millions seront représentés comme suit:

Trois millions, en caisse, improductifs, destinés uniquement à parer aux retraits de fonds.....   3 millions

Sept millions en valeurs de portefeuille, pouvant rapporter net 3 0/0 et réalisables à volonté...........................   7   »

Quarante millions en prêts hypothécaires provisoires, soit des avances de fonds pour une période moyenne de trois mois et représentant ainsi la proportion équivalente de capitaux par rapport aux cent cinquante millions de prêts du Crédit Foncier réalisés annuellement...........................   40   »

50 millions

Nous croyons poser un maximum, en rémunérant les dépôts à une moyenne de 3 0/0.

Sans aucun doute, les placements hypothécaires ou avances de fonds pourront être faits par la Banque à 5 0/0 ; car, pour un délai de trois à quatre mois, l'emprunteur se préoccupera fort peu de cette légère augmentation d'intérêt.

D'ailleurs, dans beaucoup de régions, ce taux de 5 0/0 est encore en vigueur pour les prêts entre particuliers.

Avant d'arriver au bilan de la Banque, nous devons faire encore les observations suivantes :

Le service des succursales du Crédit Foncier devra être absolument gratuit, pour la Banque ; car, en facilitant les prêts au Crédit Foncier, la Banque augmentera, sans surcroît de travail, les affaires donnant lieu aux commissions que le Crédit Foncier alloue aux Directeurs.

De même pour le service de l'inspection.

De même encore pour les frais d'envoi des capitaux.

Car, pour ses opérations propres, le Crédit Foncier est déjà obligé de supporter tous ces frais.

La Banque n'ayant à pourvoir qu'à un simple service de comptabilité et de contrôle sommaire des opérations, pourra se contenter d'un personnel restreint.

Les frais d'obligation et de subrogation incombant à l'emprunteur, nous n'en parlons pas.

Ceci exposé, nous établissons ci-dessous le bilan de la Banque :

### Actif.

| | | |
|---|---|---|
| 3 millions en caisse improductifs....... | | *Ordre* |
| 7 millions en portefeuille à 3 0/0........ | F. | 210,000 |
| 40 millions en prêts hypothécaires à 5 0/0. | | 2,000,000 |
| 50 millions | F. | 2,210,000 |

Report........ ........ 2,210,000

**Passif.**

Cinquante millions à 3 0/0.. F. 1,500,000

Loyer........ F. 15,000

Amortissement des frais d'établissement à 10 0/0 sur un capital de 100,000 francs.. 10,000

| Personnel. | 10 comptables à 5,000 f. 50,000 |
| | 5 expéditionnaires à 3,000 f. 15,000 |
| | 5 garçons à 1,800 f... 9,000 |
| | 2 inspecteurs à 10,000 f. 20,000 |
| | 1 secrétaire général.... f. 15,000 |

109,000   210,000

1,710,000

Frais généraux (bureaux, patente, perte d'intérêts, etc.) au maximum ........ 76,000

Bénéfice net.... F. 500,000

Si nous réduisons les opérations de moitié, nous avons :

Prêts du Crédit foncier............... 75 millions

Opérations de la Banque............. 25 millions

Bénéfice net de la Banque............ 250,000 fr.

Si nous doublons les opérations, nous avons :

Prêt du Crédit Foncier................ 300 millions

Opérations de la Banque............ 100 millions

Bénéfice net de la Banque........... 1 million

Le bénéfice de la Banque, obtenu sans risque, sera évidemment proportionnel aux opérations du Crédit Foncier.

En dehors des emprunts nouveaux, la dette hypothécaire à convertir sur particuliers peut être évaluée à huit milliards au minimum ; car si la statistique des hypothèques relève un total de quatorze milliards, nous croyons, en réduisant de six milliards, faire la part très large des créances remboursées et dont les inscriptions n'ont pas été radiées.

Il n'y a donc rien d'excessif à prévoir, pour le Crédit Foncier, un chiffre annuel de prêts de trois à quatre cent millions de francs, du jour où les concurrents auront été écartés.

Pour ne rien laisser dans l'ombre, rappelons que le Crédit Foncier aura un privilège de six mois pour étudier et réaliser les prêts.

Etant maître de ce délai, il pourra, en activant ou en modérant l'action de ses services, assurer à la Banque un mouvement régulier d'opérations et de capitaux, et ce, sans occasionner un surcroît sensible de charges pour l'emprunteur.

Au besoin, chaque Directeur de succursale pourrait facilement trouver dans sa résidence les capitaux nécessaires aux avances provisoires. Mais nous pensons qu'une Banque centrale sera préférable, parce qu'elle unifiera et régularisera un.service sur lequel on devra pouvoir compter toujours et partout.

Pour ne pas alourdir notre argumentation, nous ne traiterons pas ici :

La rédaction des actes de prêt par la Banque, ni les clauses spéciales qu'ils devront contenir.

Les détails relatifs — à la remise ou à l'envoi des fonds, dans certains cas particuliers — à la comptabilité, — ni aux moyens de contrôler rapidement, à Paris même, les actes des succursales et des inspections régionales.

A cet égard, nous avons des solutions toutes prêtes, ou il est facile d'en trouver.

Ainsi que l'on peut s'en assurer auprès du service de l'examen des titres, au Crédit Foncier, et en dehors des cas signalés d'avance par les Directeurs de succursales, il est très rare qu'une demande de prêt soit rejetée par le Crédit Foncier pour insuffisance d'origine de propriété.

Même dans ce cas, très rare, où le Crédit Foncier jugerait impossible de se substituer à la Banque, il y aura des solutions satisfaisantes :

Ou la Banque continuera le prêt pour la période normale de quatre à cinq ans ; car elle peut bien faire ainsi l'emploi de quelques dépôts, comme toutes les Sociétés sont forcées de le faire, et comme la Caisse d'épargne elle-même prête aux communautés de toutes sortes.

Ou elle trouvera un particulier pour prendre ses lieu et place ; car on peut facilement s'assurer que le rejet d'un prêt par le Crédit Foncier n'empêche ni le notaire ni les simples particuliers de donner satisfaction au demandeur éconduit. Ils pratiquent simplement comme nous l'avons expliqué sous le chapitre X.

## CHAPITRE XV.
### Réfutation des objections.

Dans l'ordre physique, comme dans l'ordre moral, on ne peut rien déplacer ni rien modifier sans gêner quelqu'un ou quelque chose.

Nous n'avons pas la prétention d'échapper entièrement à cette loi ; mais nous allons essayer de démontrer que si notre projet doit léser momentanément quelques intérêts, ces intérêts représentent une quantité absolument négligeable.

Tout d'abord nous posons en principe :

1° Que la considération de quelques intérêts privés ne saurait, en aucune façon, prévaloir contre une mesure dont le caractère d'intérêt général ne paraît pas devoir être contesté ;

2° Que l'institution même du Crédit Foncier a été suffisamment reconnue d'utilité publique, pour démontrer qu'il n'y a aucun intérêt légitime à opposer à son développement.

Nous diviserons notre réfutation en deux titres.

## TITRE I<sup>er</sup>.

### Intérêts privés

1° *Les Notaires.* — Les notaires paraîtront avoir toujours le même intérêt à éviter le Crédit Foncier.

Relativement aux honoraires réduits, fixés par la nouvelle loi, ils n'auront aucun motif de s'en plaindre.

En effet :

Ce seront des nouveaux honoraires à encaisser, puisque les actes qui découleront de cette loi n'existent pas encore.

Les honoraires exceptionnels attribués aux notaires, pour les obligations de prêt, sont justifiés par la responsabilité professionnelle.

Or, dans le cas prévu par le projet de loi, la subrogation ne modifie en rien cette responsabilité primitive.

Vis-à-vis du Crédit Foncier, elle se trouve même supprimée.

Par suite, il n'y a plus là rien qui motive la répétition des honoraires de l'obligation originaire.

Comme nous l'établirons plus loin, les prêts du Crédit Foncier, malgré le long terme de remboursement, n'ont pas une durée réelle de plus de dix à quinze ans et l'on peut soutenir qu'ils ne sont pas sérieusement un obstacle aux renouvellements ou aux mutations. Mais les notaires sont toujours demeurés réfractaires à cet argument.

Dans un ordre d'idées plus élevé, nous pensons que l'application de notre projet aura un effet moralisateur pour le notariat.

L'absorption des prêts hypothécaires par le Crédit Foncier, supprimera la cause principale des dépôts de fonds dans les études de notaires.

Cette pléthore actuelle de capitaux amène insensiblement le notaire à trafiquer des dépôts. De là tous ces procès scandaleux qui ont commencé à discréditer le notariat.

2° *Les Capitalistes.* — Les détenteurs des capitaux de placement hypothécaire se trouveront privés par le Crédit Foncier, du bénéfice de ce genre de placement.

Mais ils pourront utilement porter ailleurs leurs capitaux, ou les employer en immeubles, ce qui leur rapportera encore davantage.

Le Crédit Foncier lui-même en absorbera une grande partie.

Pour les deux catégories d'intérêts qui précèdent, la perte, si perte il y a, ne sera pour ainsi dire que momentanée, et elle paraît bien faible devant une mesure d'intérêt général. D'ailleurs le principe même du Crédit Foncier en fait bonne justice.

3° *Les tiers en général.* — Les tiers ne peuvent que

profiter d'un projet qui constitue une amélioration d'ordre général, puisqu'il facilitera l'accès d'une institution reconnue d'utilité publique.

Les emprunteurs, notamment, y trouveront le moyen d'éviter les commissions de 1 0/0 qu'ils sont souvent obligés de payer aux intermédiaires.

En appliquant la loi projetée, le Crédit Foncier pourra, à la suite de la subrogation, prendre une nouvelle inscription qui établira ses droits ou privilèges spéciaux. Mais personne n'aura à s'en plaindre, puisque avec la législation actuelle, cette substitution peut également s'opérer par le prêt direct.

## TITRE II.

### Le Trésor.

Ici les objections paraissent plus sérieuses et ont plus de portée.

Nous pourrions dire :

« C'est un phénomène bien connu que certaines diminutions d'impôts produisent augmentation de l'impôt général, en provoquant la consommation ou la création des choses qui y sont soumises. »

Mais nous préférons ajouter des arguments plus précis et qui vont nécessiter une classification.

Auparavant nous rappelons que la loi proposée ne vise que la subrogation conventionnelle dans les obligations originaires de prêt et ce dans un délai restreint de six mois, à l'exclusion de toutes les autres opérations pouvant donner naissance à des créances, telles que les ventes, les échanges, les partages ou donations et généralement les transactions quelconques.

D'une façon générale, sous le régime actuel, et en raison des frais de l'obligation primitive et de la subrogation, le prêteur et l'emprunteur ne s'y soumettent que dans un cas de nécessité absolue.

Comme nous l'avons déjà constaté, l'un et l'autre ont grand intérêt à ce que l'obligation soit contractée pour un terme de plusieurs années et suive son cours.

Aucun d'eux ne peut être tenté ou forcé de modifier le contrat que, par un cas imprévu et évidemment très rare, dans les six mois qui suivent le prêt.

§ 1er. — Subrogation ordinaire. — Nous avons déjà démontré que l'intérêt du prêteur aussi bien que de l'emprunteur s'opposait à toute novation, surtout dans un délai de six mois, dont il faut se rappeler la brièveté.

Toute cession de créance ou subrogation entraîne un droit de 1 fr. 25 0/0 pour l'enregistrement et un droit de 1 00/00 pour les hypothèques.

En y substituant un droit très réduit, on paraît, en effet, porter préjudice au fisc. Mais ce n'est qu'apparent.

Le Directeur de l'Enregistrement peut facilement s'assurer qu'il n'y a peut-être pas, chaque année, cent cessions ou transports de créances, pour prêt, opérées dans les six mois de l'origine du prêt (catégorie et délai imposés par la loi projetée). Ce qui représenterait une somme infime de droits fiscaux.

Nous en avons déjà fait valoir plusieurs raisons.

Nous les rappelons ici, en les complétant :

1° Les Prêteurs. — Le prêteur, qui est presque toujours un rentier, a généralement sa vie arrangée, ses besoins prévus, classés et cotés, à l'abri de toute surprise.

Le capitaliste ne considère pas le prêt hypothécaire comme un placement accidentel.

En raison des délais obligatoires de remboursement,

ce genre de placement ne peut résulter que d'un choix et d'une préférence très réfléchis.

Le prêteur vit du revenu de ses capitaux. Le placement hypothécaire seul lui offre la supériorité d'intérêt, de sécurité et de pérennité qui correspond à son désir.

Il ne doit donc y renoncer que difficilement et fort rarement et encore moins l'interrompre, puisque ses combinaisons budgétaires ont écarté les autres genres de placement.

Il est donc bien difficile d'admettre que, dans un délai de six mois, cette préférence, très réfléchie, puisse être modifiée par une combinaison ou un besoin imprévu.

Nous ne pouvons pas envisager la cession de créance causée par l'insolvabilité ou le mauvais vouloir du débiteur.

Car un débiteur insolvable ou rétif ne trouve généralement pas de bailleur de fonds.

Dans tous les cas où ces défauts auraient été inconnus lors du prêt, l'échéance seule de la première année d'intérêts peut les révéler. Nous pouvons donc opposer notre délai de six mois.

Il y a une autre considération également importante :

Le débiteur, ayant toujours, au moins, au même dégré que le prêteur, le bénéfice du terme, les frais de cession, soit 3 0/0, incomberaient à ce dernier.

Pour une personne qui vit de l'intérêt de ses capitaux, la dépense est excessive; et elle ne s'y expose assurément que dans un cas tout à fait exceptionnel.

Pour mieux préciser, nous établissons les deux cas (et il ne saurait y en avoir d'autres), où le créancier peut être amené à la subrogation conventionnelle par son propre intérêt.

1" *Cas.*—Besoin imprévu et, par suite, fort rare, des capitaux pour le prêteur lui-même, dans les six mois du prêt.

—Si le prêteur cède sa créance, dans un délai de six mois, il touchera, au plus, comme intérêt 5,2 ou 2 fr. 50 0/0 ci . . . . . . . . . . . . . . . . . . . . 2 fr. 50

Et il paiera les frais de cession à 3 0/0 . . 3 fr. soit une perte sèche de 1/2 0,0.

Nous avons dit besoin imprévu.

Autrement le prêteur eût gardé ses capitaux ou les eût employés différemment, de façon à s'en assurer la disponibilité.

2ᵉ *Cas.* — Ayants-cause du créancier. — Les héritiers ou ayants-cause du prêteur peuvent, en effet, pour les besoins du partage ou de la liquidation, ou pour leurs besoins propres, être amenés à réaliser la créance, au moyen d'une cession.

Mais on nous concèdera assurément que,

*Ce cas,*

qui prévoit dans un délai de six mois, la constitution de la créance, le décès du créancier, la liquidation de sa succession, la découverte de nouveaux capitaux et la réalisation de la cession, et qui, en outre, impose également aux cédants les frais du transport et la perte d'intérêt,

*Constitue* une exception telle qu'elle ne saurait fournir un argument sérieux.

2ᵉ *Les Débiteurs.* — Pour le débiteur, il ne peut y avoir que trois cas.

1ᵉʳ *Cas.* — Besoin de la subrogation pour l'emprunteur lui-même. — On ne voit pas très bien dans quel cas l'emprunteur lui-même pourrait être poussé à la subrogation conventionnelle, dans les six mois du prêt.

Dans la pratique, le terme est toujours stipulé en faveur des deux parties, et l'on impose toujours au débiteur l'obligation de prévenir du remboursement au moins trois mois à l'avance.

En cas de subrogation par l'emprunteur, ce dernier perdrait le bénéfice des frais de l'obligation primitive ; il encourrait les frais de la cession, et se heurterait à l'opposition intéressée du prêteur.

On ne peut pas prévoir le cas où l'emprunteur serait mécontent de son créancier ; car, dans le **délai de six** mois, il n'aura eu ni à exécuter les charges de l'obligation ni à souffrir des exigences du prêteur, l'échéance seule de la première année amenant le premier règlement de compte entre eux.

2ᵉ *Cas*. — Vente du gage et délégation du prix à terme. — Si l'emprunteur vend le gage, dans les six mois du prêt, à un acquéreur qui ne puisse payer comptant, il pourra déléguer le prix, à terme, aux créanciers inscrits. Par suite, l'acquéreur, mis en ses lieu et place, aurait le bénéfice de la loi proposée.

Au besoin, on pourrait exclure ce cas particulier.

Cependant nous plaidons pour son maintien :

Quand un propriétaire contracte un emprunt hypothécaire, c'est évidemment pour éviter la vente du gage. Et l'on peut affirmer que, d'une façon générale, il ne saurait avoir, dans les six mois de l'emprunt, un intérêt sérieux à modifier cet état de choses par une aliénation quelconque.

Par analogie, on doit également écarter les cas de donation ou de partage anticipé.

3ᵉ *Cas*. — Subrogation par les ayants-cause de l'emprunteur. — Ce dernier cas ne peut s'appliquer qu'aux héritiers ou légataires, qui ne sauraient avoir d'autres motifs que leur auteur, pour consentir à la subrogation.

§ 2°. — *Substitution des prêts à long terme aux prêts à court terme ou suppression des chances de renouvellement et de remboursement.* — Les prêts du Crédit Foncier sont consentis à un terme moyen de quarante ans.

Les prêts entre particuliers qui, jusqu'à ce jour, comportaient des termes de cinq à six ans, ont tendance à élargir ce délai. Nous en connaissons plusieurs qui viennent d'être contractés pour dix ans.

Quoi qu'il en soit, en facilitant la substitution du Crédit Foncier aux particuliers, le projet paraît devoir nuire aux intérêts du fisc, par la suppression des chances de renouvellement et de remboursement.

Ce préjudice n'est qu'apparent :

Quand le débiteur ne paie pas à l'échéance, le créancier, toujours intéressé au placement hypothécaire, consent à la prorogation du terme, soit tacitement, soit par un acte soumis à un simple droit fixe, qu'il n'y a pas lieu de retenir.

Si même il y a remboursement sans nouveau prêt, il y a rarement quittance notariée. Le débiteur considère comme suffisante la péremption de l'inscription, qui arrive généralement peu de temps après le remboursement. Tout au plus régularise-t-on par une simple main-levée.

La quittance notariée implique, dans la pratique, la mainlevée et la radiation, et l'Administration des Hypothèques sait que plus de la moitié des inscriptions ne sont jamais radiées à la suite du remboursement.

Le Crédit Foncier, pour ses prêts, le constate chaque jour, et, en passant, nous pouvons affirmer qu'il est la principale cause des quittances notariées et des radiations qui sont faites.

Entre particuliers, le remboursement est généralement

constaté par une simple quittance sous seing privé au bas
de la grosse de l'obligation, remise au débiteur.

D'autre part, il est facile de le vérifier, les prêts du
Crédit Foncier n'arrivent jamais à échéance.

Quand l'emprunteur prend un long terme, c'est beaucoup moins pour l'appliquer que pour s'assurer une
annuité plus faible.

Ces prêts sont généralement remboursés dans les dix
ou quinze premières années, soit au moyen de paiements
partiels anticipés, soit à la suite de mutations ou de
transactions quelconques.

L'inscription du Crédit Foncier n'étant sujette ni à renouvellement ni à péremption rapprochés, le remboursement est toujours suivi d'une quittance notariée,
avec mainlevée, et la radiation est opérée.

Enfin les prêts du Crédit Foncier entraînent, pour la
régularisation des droits de propriété et pour l'unifica-
tion de la dette hypothécaire de l'emprunteur, une série
d'actes (dépôts, partages, notoriétés, quittances, mainle-
vées, radiations, etc.), qui, au total, fournissent au fisc
des droits importants.

§ 3e. — *Expropriations*. — Le fisc pourra objecter
que la facilité du crédit donné aux emprunteurs, surtout
avec des échéances lointaines comme celles du Crédit Foncier, diminuera les chances d'expropriation judiciaire
des gages et par suite, les droits de vente (soit avec les
droits judiciaires de procédure, environ 10 0,0. Elle
devra également diminuer le nombre des ventes
amiables.

A cela nous répondrons, sans crainte d'être démenti :

Que le propriétaire a, pour ses immeubles, une affec-
tion spéciale, qui tourne à la passion ;

Qu'il les conserve avec ténacité, tant que son crédit
n'est pas épuisé

Qu'il ne se résout à les vendre ou à les laisser vendre que lorsque l'emprunt lui fait défaut ;

Que lorsqu'un propriétaire a des immeubles suffisants, il trouve toujours des capitaux ;

Que l'expropriation ou la vente amiable n'a lieu que lorsque le crédit est absolument épuisé ;

Et que ces observations s'appliquent aussi bien aux prêts entre particuliers qu'à ceux du Crédit Foncier.

§ 4'. — *Droits de mutation par décès.* — Le prêt entre particuliers représente forcément un titre nominatif qui ne saurait échapper aux droits fiscaux.

Si ces prêts diminuent, les capitaux, convertis en valeurs purement mobilières, ne seront, en grande partie, représentés que par des titres au porteur.

Comme tels ils seront souvent dissimulés dans les déclarations de succession.

D'où perte pour le Trésor.

Mais qu'on se rassure !

Les capitaux, expulsés des placements hypothécaires, deviendront moins timorés.

Le besoin aidant, ils iront au commerce, à l'industrie et aux émissions de toutes sortes, sinon aux immeubles.

Le Crédit Foncier, lui-même, devra en absorber beaucoup pour parer aux nouvelles demandes de prêt. Ces capitaux, ennemis de la veille, ne bouderont certes pas.

S'ils vont aux valeurs commerciales et industrielles, ils seront passibles, par les contributions de toutes sortes, d'un droit beaucoup plus élevé que le droit d'obligation.

S'il vont aux valeurs mobilières de Bourse, et notamment aux titres du Crédit Foncier, ils auront à acquitter un impôt largement compensateur ainsi que nous le démontrons sous le paragraphe suivant.

S'il vont aux immeubles, ils subiront les contributions

de toute nature et les droits de transmission, soit au moins 8 0/0.

§ 5ᵉ. — *Application fiscale des réfutations qui précèdent.* — La moyenne des droits payés au fisc, pour les mutations par décès, ne peut pas être évaluée à plus de 3 0/0.

D'après les statistiques, la moyenne de la vie humaine est de 30 ans.

Il s'ensuit que les mutations par décès ne devraient également se répéter que tous les 30 ans.

Mais, pour faire la part plus large à la contradiction, nous réduirons ce délai de 1/2 soit à 15 ans.

De ce chef, le fisc perçoit donc, au plus, $\frac{3 \, 0/0}{15}$ ou 0 fr. 20 0/0 annuellement.

Les prêts hypothécaires entre particuliers. toujours consentis pour un délai minimum de 5 ans, sont soumis aux droits suivants :

Enregistrement, 1 fr. 25 0/0.......... Fr.   1,25 0/0

Hypothèques 1 fr. 00/00 ou 0 fr. 10 0/0    0,10 0/0

En mettant 0 fr. 05 0/0 pour le timbre, nous sommes encore au-dessus de la vérité    0,05 0/0

Soit au total.......... Fr.   1,40 0/0

Ou annuellement $\frac{1 \, \text{fr.} \, 40 \, 0/0}{5}$ = 0 fr. 28.

Soit, en résumé, total de l'impôt annuel, payé pour décès et pour prêt, 0 fr. 20 + 0 fr. 28 = 0 fr. 48 0/0.

D'autre part, et en opposition, nous constatons ce qui suit :

Ainsi que l'on peut s'en assurer à la statistique du Crédit Foncier, les prêts de cette Société ont une durée moyenne réelle de 15 ans, au plus ; nous en avons donné les raisons plus haut (Chap. XV, Titre II, § 2).

En appliquant cette moyenne aux droits fiscaux des prêts hypothécaires, nous avons $\frac{1 fr. 14}{15} = 0$ fr. 09 annuellement............... ............... Fr. 0,09 0/0

Nous supposons que tous les capitaux privés, actuellement employés en prêts hypothécaires, seront convertis en obligations au porteur du Crédit Foncier, c'est-à-dire en la valeur qui est passible de l'impôt le plus faible.

· On nous concèdera assurément que, par suite de qualités héréditaires, d'incapacité civile, ou de régime matrimonial, la moitié de ces valeurs ne pourra échapper aux droits de mutation par décès.

Nous pouvons, dès lors, poser les impôts annuels suivants :

| | |
|---|---|
| Mutation par décès $\frac{fr. 2}{2}=$ ........... | 0,10 0/0 |
| Impôt sur le revenu 4 0/0 sur 3 fr.=... | 0.12 0/0 |
| Impôt de transmission du titre 0 fr. 20 0/0 | 0,20 0/0 |
| Nous ne portons que pour mémoire l'abonnement au timbre et l'impôt que peuvent occasionner les opérations de Bourse. | Mémoire |
| Soit impôt annuel total..... ........ | Fr. 0,51 0/0 |

Nous pourrions taire les droits de quittance de 0 fr. 62 0/0 par ce fait que :

Dans les prêts entre particuliers, plus de la moitié des remboursements ne sont constatés que par des quittances sous seing privé, qui échappent au fisc ; tout au plus

fait-on une mainlevée pour régulariser le remboursement.

Tandis que, dans les opérations du Crédit Foncier, les
remboursements entraînent forcément la quittance notariée et la mainlevée.

C'est dire que, de ce chef, il y a plus que compensation.

Mais cependant, pour donner plus de force à notre
argumentation, nous allons en faire l'application :

Droit de quittance de 0 fr. 62 0/0, donnant annuellement :

Pour les prêts entre particuliers $\frac{0 \text{ fr. } 62}{5} = 0$ fr. 12 0/0.

Pour les prêts du Crédit Foncier $\frac{0 \text{ fr. } 62}{15} = 0$ fr. 04 0/0.

Et maintenant nous résumons :

Impôt fiscal annuel :

Prêt entre particuliers 0 fr. 48 + 0 fr. 12 = Fr. 0,60 0/0.

Prêt du Crédit Foncier 0 fr. 51 + 0 fr. 04 =     0,55 0/0.

Soit annuellement une différence de.... Fr. 0,05 0/0.

En admettant, ce qui paraît encore exagéré, que les
prêts entre particuliers atteignent annuellement un total
de 300 millions de francs, la perte pour le fisc serait de
300,000,000 × 0 fr. 05 = 150,000 fr., ce qui, dans l'es-
pèce, équivaut à *zéro*.

Nous devons faire remarquer :

1° Que notre hypothèse comporte le cas, assez invrai-
semblable, où tous les prêts hypothécaires seraient absorbés par le Crédit Foncier et où tous les capitaux privés,
servant aux prêts hypothécaires, seraient convertis en
obligations du Crédit Foncier;

2° Que nous avons exagéré la portée des arguments d'objection ;

3° Et que nous n'avons tenu aucun compte de l'impôt sur les lots et sur les primes de remboursement.

En échange, on nous permettra d'affirmer que :

Par la régularité de ses opérations de prêt, qui nécessitent de nombreux actes supplémentaires ; par ses opérations d'émission, de portefeuille et de trésorerie ; par les droits relativement considérables qu'entraînent annuellement la correspondance, l'envoi de titres et de capitaux ; et par l'accroissemet de la fortune immobilière qu'occasionne le prêt du Crédit Foncier, qui, par les avantages et la sécurité de l'amortissement, sert utilement à la plus value des gages ;

Le Crédit Foncier offrirait une large compensation à cette perte infime de 150,000 fr., si elle devait exister réellement.

Nous ne parlons pas des rentes sur l'État, exemptes d'impôt, attendu que le capital, étant limité, ne peut, dans tous les cas, permettre qu'une substitution dans la propriété des titres ; ce qui n'apporte aucun changement fiscal.

Nous pourrions également faire ressortir tous les avantages que la mobilité rendue à ces capitaux hypothécaires entraînera pour le crédit de l'État notamment.

## RÉSUMÉ

Nous avons loyalement exposé une idée simple que nous croyons saine et féconde.

Nous pensons avoir prévu et réfuté toutes les objections.

Outre les avantages immédiats pour les opérations de prêt, la nouvelle loi, qui est facultative, n'apportera aucun trouble, aucune confusion dans les lois préexistantes ; car son application est bien limitée, sans qu'elle puisse donner lieu à aucune controverse.

Elle ne porte sérieusement atteinte à aucun droit légitime ou acquis.

Pour les capitalistes et pour les notaires, l'intérêt personnel est simplement déplacé et non lésé.

Pour le Trésor, s'il doit y avoir momentanément la perte de quelques droits peu importants, dans des cas d'ailleurs très rares, il y aura largement compensation par l'accroissement des affaires, en général, et en particulier, par la conversion en valeurs mobilières et en immeubles, des capitaux privés, actuellement destinés aux placements hypothécaires.

*Marseille, le 1er août 1893.*

**BARRAULT.**

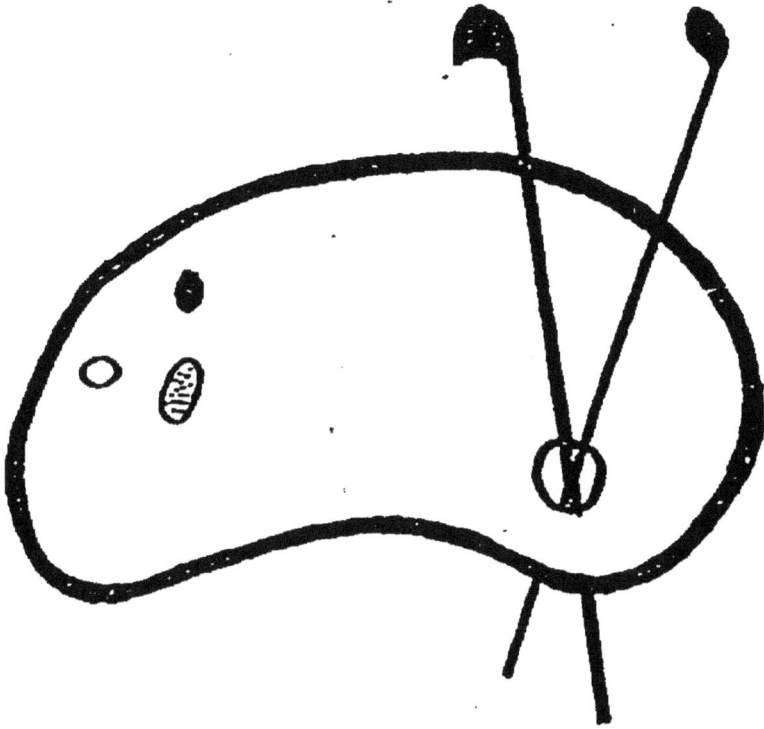

ORIGINAL EN COULEUR
NF Z 43-120-8